Dr Octave SIROT

Administrateurs

et Médecins

DES HOPITAUX

I0122819

DOCUMENTS INÉDITS

RAPPORT OFFICIEL

SUR

l'état de la Médecine à l'Hôtel-Dieu de Beaune

au 31 mai 1903

ADMINISTRATEURS & MÉDECINS

DES HOPITAUX

Dr Octave SIROT

Administrateurs

et Médecins

DES HOPITAUX

DOCUMENTS INÉDITS

RAPPORT OFFICIEL

SUR

l'état de la Médecine à l'Hôtel-Dieu de Beaune

au 31 mai 1903

AU CORPS MÉDICAL

INDÉPENDANT

Quod advenit mihi, cur non vobis ?

Les administrateurs des hôpitaux de province sont généralement des hommes choisis dans le monde des affaires.

Cela est naturel : ayant des biens à administrer, ils doivent avoir les connaissances nécessaires à ce sujet.

Mais ont-ils les capacités et la science voulues pour nommer et avoir autorité sur les médecins ou chirurgiens de ces hôpitaux ?

Incontestablement non, car parmi ces administrateurs, beaucoup n'ont qu'une instruction très élémentaire.

Pourquoi alors leur laisser le droit de choisir et nommer par eux-mêmes ou par des moyens détournés les candidats.

Pourquoi leur donner le droit d'agir envers les

titulaires avec un sans-gêne qu'ils n'ont certes pas avec les infirmiers et qu'ils n'auraient assurément pas chez eux avec leur domesticité... quand ils en ont ?

Quelles choses communes ont avec la médecine et la chirurgie les questions de gestion et de comptabilité ?

Dans l'état actuel si compliqué des sciences médicales, que peut bien dire et contrôler un marchand de vins, de domaines, de grains, de farine, un épicier en gros et en détail ?

Que dirait-on si une commission médicale ou chirurgicale était chargée de régenter le cours des vins, ·des laines, des houblons, des céréales, des bestiaux, du coton ou autres denrées ?

Ne serait-il pas temps de remédier à cette situation anormale et ridicule ? Anomalie et ridicule, qu'a fini par comprendre l'autorité militaire en créant, malgré la puissance de la routine, l'autonomie du corps de santé, autonomie qui arrachait définitivement les médecins militaires aux étreintes administratives de l'intendance.

N'appartient-il pas aux sociétés médicales indépendantes d'intervenir énergiquement à l'effet de soustraire d'une façon définitive le corps médical des hôpitaux à cette notoire incompétence administrative, en demandant aux pouvoirs publics la modification de l'artticle 14 de la loi du 7 août 1851 en ce qui concerne la nomination et la révocation des médecins et chirurgiens des hôpitaux ?

Le document suivant, vrai en tous points et écrit

de bonne foi, que je soumets à votre appréciation, sera, je l'espère, un appoint sérieux ajouté aux causes déjà si nombreuses qui militent avantageusement en faveur de cette séparation.

Dr OCTAVE SIROT.

Beaune, 13 juillet 1905.

Cuique suum.

Pourquoi, après un an, cet écrit ?

. . . .

Parce qu'un an est un laps de temps suffisant pour la réflexion ;

Parce que plusieurs de mes amis, quelque peu révoltés par les interprétations volontairement erronées et répandues pour égarer l'opinion, m'ont demandé de publier ces dossiers ;

Parce que, *pour l'avenir*, ce document empêchera les Rats de bibliothèque futurs de relater, de bonne foi et par indigence documentaire, des faits qui présenteraient le docteur Sirot comme un agressif dont il avait fallu purger l'Hôtel-Dieu de Beaune et exhiberaient les administrateurs Arthur Montoy, Nicolas Forest, Pierre Germain et Henri Huvelin comme les hardis et courageux vengeurs de l'honneur outragé, les indomptables soutiens des droits méconnus, les irréductibles défenseurs des Dames hospitalières opprimées ou... comme les oies qui jadis sauvèrent le Capitole.

Dr Octave SIROT.

I

En novembre 1903, le docteur Emile Affre, chirurgien en chef de l'Hôtel-Dieu de Beaune, tombe malade.

Le docteur Fromageot, premier suppléant, est, sur la demande écrite du second chirurgien, le docteur Bouley, chargé d'assurer le service pendant la maladie du premier chirurgien.

Le 1er janvier 1904, le docteur Affre meurt.

Cette mort laisse vacante une place de chirurgien.

En attendant la nomination du nouveau titulaire, le docteur Fromageot est, à nouveau, chargé d'assurer ce service, conformément au paragraphe 1er de la décision de la Commission administrative, en date du 26 novembre 1900.

Ce paragraphe dit : « Si le premier chirurgien est absent, le second chirurgien le remplacera et aura toute latitude de choisir pour aide, un des médecins titulaires ou suppléants attachés à l'Hôtel-Dieu. »

Par le fait de cette désignation officielle, les

médecins titulaires ayant été éliminés, il ressortait donc que les suppléants étaient à la fois suppléants de médecine et de chirurgie et cela d'autant plus clairement qu'un des deux médecins titulaires, faisant de la chirurgie, avait demandé ce service intérimaire.

En conséquence, ces suppléants devaient remplacer de droit les titulaires selon les us et coutumes en vigueur, à l'Hôtel-Dieu même.

Le docteur Fromageot avait donc d'autant plus le droit de compter sur cette nomination qu'il avait cinq années de pratique civile et un stage officiel de chirurgien intérimaire.

Au lieu de procéder comme il avait toujours été d'usage, c'est-à-dire de nommer immédiatement le nouveau titulaire parmi les suppléants (ce qui se refera dans la suite comme nous le verrons), les administrateurs susnommés mirent la place au concours.

II

L'article 14 de la loi du 7 août 1851 dit : « La Commission administrative nomme son secrétaire, l'économe, les médecins et les chirurgiens, mais elle ne peut les révoquer qu'avec l'approbation du Préfet. »

Or, comment se fait-il que MM. les administrateurs de l'Hôtel-Dieu de Beaune, tantôt usent de leur droit en se reconnaissant aptes à juger les médecins, tantôt n'en usent plus qu'indirectement en ne se reconnaissant plus les aptitudes voulues pour juger les chirurgiens ?

Il faudrait cependant s'entendre et je me perme.trai d'adresser à MM. les administrateurs une question.

Comment se fait-il que vous soyez plus aptes à jnger la valeur médicale d'un docteur en médecine que sa valeur chirurgicale ? En d'autres termes, comment se fait-il que vous ayez une compétence scientifique voulue pour juger un médecin et une incompétence *volontairement* reconnue pour juger un chirurgien ?

Il me semble cependant, non seulement *a priori* mais surtout *a posteriori*, qu'il est plus difficile de juger un médecin qu'un chirurgien.

« On devient chirurgien, mais on naît médecin », a dit le grand Trousseau. La chirurgie se voit, la médecine se devine.

Le médecin n'est-il pas, en effet, le voyant de l'intangible, le devin de l'invisible ? Ne faut-il pas, pour être médecin, acquérir non seulement la science inhérente à l'exercice délicat de la profession, mais encore être artiste par l'intelligence ; il faut porter en soi ce coup d'œil de l'esprit qui voit, pèse, juge en un instant, pressent la maladie avant même qu'un examen détaillé en vienne assurer le diagnostic.

Et c'est cet homme-là, Messieurs les administrateurs, marchands de vins, de domaines, de denrées coloniales ou autres, que vous vous permettez de juger, peser, toiser et nommer, alors que vous vous déclarez, officiellement et de votre propre initiative, incapables de juger, peser, toiser et nommer un chirurgien ?

Pourquoi donc cet illogisme contraire à tout bon sens et à toute raison ?

La suite nous l'expliquera.

III

Quatre docteurs posèrent leur candidature, sitôt cette décision administrative connue :

M. Vignard, ancien interne et ancien chef de clinique chirurgicale à Lyon ;

M. Lafourcade, ancien interne à l'hôpital de Dijon et exerçant à Beaune ;

M. Billon, ancien interne à l'hôpital Saint-Joseph à Paris ;

M. Fromageot, suppléant en exercice.

En présence de ces quatre candidatures, les administrateurs restaient silencieux.

Les candidats, comme les titulaires de l'Hôtel-Dieu, se demandaient pourquoi ce silence, pourquoi n'affichait-on pas ce concours et sa date (1), quand on

---

(1) Il est d'usage dans toutes les Ecoles et Facultés de médecine d'afficher les concours trois ou six mois avant la date fixée. Pour les hôpitaux spéciaux qui ont des internes, les concours sont officiellement annoncés au moins un mois à l'avance.

apprit avec un profond étonnement qu'un jeune interne `u` hôpitaux de Paris avait posé sa candida- ture, que cette candidature avait été acceptée contre tous droits, lois et règlements, et que les administra- teurs semblaient attendre qu'il fût reçu docteur pour fixer et annoncer la date du concours...

Mais pourquoi cette candidature d'un interne avait- elle été acceptée en violation de tous droits, de tous usages et toutes coutumes, car ce fait est unique da.ıj les concours médico-chirurgicaux ? C'est ce que nous verrons...

IV

Subitement, *le 3 mai 1904*, après sept mois de vacance (trois mois par maladie, quatre mois par décès), MM. les docteurs Fromageot et Lafourcade étaient officiellement informés, par lettre personnelle et sans aucune autre explication, qu'un concours aurait lieu à Paris, *le 17 mai 1904, pour examiner la valeur des candidats, l'administration se réservant le choix du titulaire.*

Il est à remarquer qu'à cette date, 3 mai, l'interne- candidat n'était pas docteur ; il devait passer sa thèse le 5 mai ! !

Que diraient MM. les agrégés et médecins des hôpitaux de Paris, si leurs concours étaient, du jour au lendemain et exceptionnellement, transformés en examen d'admissibilité ou de capacité par le seul

2

caprice du ministre ou du directeur de l'assistance publique, pour permettre à ceux-ci de choisir ensuite d'après leur bon plaisir.

Que diraient ces mêmes messieurs, s'ils étaient prévenus le 3 mai qu'un concours aura lieu le 17 mai et que ce concours est subordonné à la situation irrégulière d'un de leurs cocandidats ?

Que diraient tous ces revuistes bruyants et tous ces actuels metteurs en scène d'un code de déontologie ? Ils diraient : « Hôpital de province ! *De minimis non curat prætor* (1) », ou ils se tairaient discrètement, le cas devenant embarrassant. Nous en avons fait l'expérience !...

Quel fut le jury qui accepta semblable mission ?

Ce jury extraordinaire fut trouvé... à Paris.

Il se composait des docteurs Tillaux (2), président ; Campenon, Chaput, Potherat, Ricard, assesseurs.

Ce concours ou plutôt cet examen eut lieu sur un sujet d'anatomie, de pathologie, un examen de malade et une épreuve de titres.

De médecine opératoire ?... Pas !... Pour un concours de chirurgie, c'est bizarre !...

Or, pourquoi cette forme inusitée de concours-examen ?

Pourquoi ce ridicule délai de quatorze jours sans affichage préalable !

---

(1) L'Hôtel-Dieu de Beaune a cependant 120 lits.
(2) Il est mort quelques mois plus tard à 72 ans.

Pourquoi avoir permis à un interne de se porter candidat ?

Pourquoi avoir attendu de connaître la date où cet interne serait docteur (5 mai 1904) pour fixer la date du 17 mai ?

Pourquoi n'avoir prévenu les cocandidats de cet interne que le 3 mai ?

Pourquoi pas de médecine opératoire ?

Pourquoi l'administration avait-elle décidé de changer, *par exception*, son mode de nomination ?

Pourquoi s'était-elle réservé le droit de choisir le candidat, même après le concours ?

A quoi servait alors le *classement* du jury ?...

Parce que.. Mais je crois plus séant de me taire sur ce chapitre, ne voulant pas entrer dans le domaine des personnalités. Les motifs d'ailleurs ne sont plus un secret pour personne.

V

Cette manière de concours-examen pouvait paraître suspecte ; c'est ce que semblèrent avoir compris MM. les docteurs Debove et Deroye, à qui d'abord s'adressèrent MM. les administrateurs de l'Hôtel-Dieu.

M. le docteur Debove, doyen de la Faculté de Paris, se récusa poliment en priant le délégué de la Commission administrative de s'adresser *régulièrement*, soit à Lyon, soit à Dijon.

M. le docteur Deroye, directeur de l'Ecole de
médecine de Dijon, à qui l'administrateur Arthur
Montoy (1) avait fait des ouvertures, refusa lui
aussi de se prêter à des agissements douteux qui
créaient un précédent fâcheux et ouvraient la porte
à l'arbitraire.

Ce fut, paraît-il, grâce aux bons offices d'un chirurgien de Paris, que fut organisé ce jury obéissant.

Les docteurs Lafourcade et Fromageot protestèrent, l'un contre le principe même du concours et
tous deux contre sa forme irrégulière et contre le
manque d'épreuves opératoires. Ils protestèrent
auprès du jury, auprès de l'administration et retirè-
rent leur candidature (2).

Il fut même protesté personnellement auprès du
chirurgien Campenon, membre de ce jury, par un de
ses amis.

Ces protestations servirent de volants entre la
raquette officielle professionnelle et la raquette
administrative.   '

Les protestataires reçurent pour toute satisfaction
la lettre suivante du docteur Tillaux.

---

(1) M. Arthur Montoy, négociant en vins, est vice-président
de la Commission administrative. Il est omnipotent. Ses trois
assesseurs : Germain, Forest, Huvelin, ne sont que les inutiles
témoins d'une action qu'ils n'exercent pas. Ils se contentent du
rôle modeste de figurants.

(2) M. le docteur Vignard avait, pendant toutes ces manœu-
vres, été nommé *au concours*, chirurgien titulaire des hôpitaux
de Lyon... Ce n'était donc pas un candidat sans valeur...

« Paris, le 4 mai 1904.

» MONSIEUR ET HONORÉ CONFRÈRE,

» La Commission administrative des hospices de Beaune m'a proposé de constituer un jury pour lui *adresser* une liste de présentation de candidats désirant succéder au docteur Affre. Je n'avais aucune raison pour décliner cette proposition et MM. Campenon, Potherat, Chaput et Ricard ont accepté avec empressement de se joindre à moi.

» Voilà tout ce que je puis vous dire. Je ne connais aucun des candidats. J'ignorais si ce genre de nomination était habituel. Je n'ai donc aucune qualité pour répondre à vos observations et c'est à la Commission seule que vous devez les adresser.

» Nous sommes chargés, non pas de nommer un chirurgien, mais d'éclairer la Commission sur la valeur scientifique des candidats ; c'est à la Commission d'apprécier le cas qu'elle doit tenir des services rendus, ce qui me paraît absolument équitable.

» *Signé :* TILLAUX. »

En lisant cette lettre, on se demande si réellement elle a été écrite par le président de l'Académie de médecine.

Eh ! quoi, ce docteur haut placé condescend à présider une forme inusitée de concours-examen entaché d'illégalité et qui laisse la porte largement ouverte à l'arbitraire et non au mérite.

Eh ! quoi, malgré les légitimes protestations des candidats, cet inattendu président écrit qu'il se désintéresse de toutes les lois, de tous les règlements, us et coutumes ; que la Commission administrative des hospices de Beaune lui a exprimé un désir et que ce désir lui a suffi pour constituer un jury. Puis, sans se préoccuper de rien et sans plus ample informé, il fait ce qui ne s'est jamais produit dans aucune Ecole ou Faculté de médecine, il fait, sans vergogne, ce que refusèrent, et le doyen de la Faculté de médecine de Paris, et le doyen de l'Ecole de médecine de Dijon, doyens chargés de veiller au respect des lois, règlements, us et coutumes professionnels.

Pour motiver semblable procédé, n'y avait-il pas des dessous que la suite pourra nous faire connaître ?

VI

Le docteur Sirot, doyen d'âge et de doctorat du corps médical de Beaune, à qui les jeunes confrères avaient fait leurs doléances, s'était prudemment tenu à l'écart.

Il connaissait bien des choses, très au courant qu'il était de toutes les hypocrites menées du petit clan administrativo-congréganiste qui manœuvrait.

Aussi ne voulait il pas mettre le doigt entre

l'arbre et l'écorce, malgré certaines insinuations calomnieuses et injurieuses, insinuations voulues dont le but était de faire faire un pas de clerc à ce médecin dont le petit clan avait, en principe, décidé l'élimination (1).

Toutefois, sans esclandre et sans bruit, il eut, le 20 avril 1904, avec l'administrateur Nicolas Forest, marchand de biens, un entretien assez significatif, entretien qui fut écrit et lu à M. Pierre Germain, négociant en vins, autre administrateur (2).

Cette lettre destinée à la Commission administrative ne fut pas envoyée sur les instances de M. Germain.

Cependant, en présence du cynisme qui présidait à cette forme de nomination et la maintenait définitivement, le docteur Sirot, comme doyen d'âge, crut de son devoir (3) de protester, ainsi que l'aurait fait dans une affaire similaire, le bâtonnier d'un ordre d'avocats, le président d'une chambre de notaires, etc.

Le jour dudit concours, il écrivit donc au docteur Tillaux, président du jury, une lettre *personnelle, privée* et *non ouverte.*

---

(1) Voir page 43, les causes et motifs.

(2) Je ne le publie pas pour ne pas allonger cet écrit.

(3) Il ne m'appartient pas de porter un jugement sur la conduite, en cette affaire, de mes collègues à l'Hôtel-Dieu. Mais qu'il me soit permis de leur dire ici, en toute franchise, que la désinvolture avec laquelle ils sont maintenant traités n'est que la conséquence logique de leur manque de solidarité et de leur devise : « Cela ne me touche pas, je m'en f... » (textuel).

Cette lettre avait été écrite de propos délibéré et tous les termes en avaient été pesés.

Que fit le docteur Tillaux ? Il lut cette lettre aux membres du jury.

Qu'en advint-il ? Craignant, sans doute, de se trouver en présence de l'inconnu ou subissant l'ambiance qui déjà les avait mis en action, ces chirurgiens crurent prudent de se dérober.

Ayant appris (1) que le signataire de cette lettre était médecin titulaire à l'Hôtel-Dieu, ils n'hésitèrent pas à forcer le docteur Tillaux à la livrer à la Commission administrative, malgré le caractère personnel et professionnel qu'elle avait dans la pensée de son auteur.

Semblable et inattendue communication arrivait à point.

VII

Cette question de *concours-examen* était devenue bruit de ville.

Les administrateurs ayant conscience du rôle qu'ils jouaient et de leurs douteux procédés en étaient fort ennuyés.

Ils cherchaient un dérivatif.

Euréka ! dit le plus insinuant... et nouvel Archi-

(1) Comment l'apprirent-il ? Qui les renseignèrent ?

mède, il s'apprêta avec ce levier épistolaire à sou-
lever le monde... administratif.

Il s'empara de cette lettre avec l'empressement
d'un noyé qui entrevoit le salut, convoqua immédiatement ses trois assesseurs (1) et tous, sans se
préoccuper de l'indélicatesse déjà commise et de la
gravité de l'acte qu'ils allaient eux-mêmes com-
mettre, prirent avec éclat une délibération sensa-
tionnelle dont eurent rapidement connaissance certaines Dames hospitalières *intéressées* à ce dérivatif.

*Extrait du registre des délibérations de la Commission
administrative des hospices de Beaune.*

Séance du 21 mai 1904.

Présidence de M. Montoy, vice-président.

Etaient présents : MM. Henri Huvelin, Nicolas
Forest, Pierre Germain.

« M. le vice-président communique à la Commission le rapport du jury d'examen pour le concours libre qui a eu lieu à Paris, le 17 mai dernier,
en vue de la désignation d'un chirurgien à l'Hôtel-
Dieu de Beaune.

» Lecture est ensuite donnée de la lettre qui lui a

---

(1) MM. Forest, Germain, Huvelin.

été transmise, sur la *demande instante du jury*, par M. le professeur Tillaux.

» En voici la teneur :

> » *A Monsieur le docteur Tillaux.*

» MONSIEUR,

» Je suis le doyen du corps médical de Beaune et » comme tel j'ai le grand regret de vous dire qu'en » présidant le concours du 17 mai 1904, malgré les » très justes et très légitimes protestations de mes » confrères, vous vous êtes fait le complice cons- » cient d'une malhonnêteté professionnelle et d'une » cuistrerie.

» Recevez, Monsieur, mes salutations.

> » Dr SIROT.

> » Beaune, le 17 mai 1904. »

» La Commission, après avoir entendu lecture de la lettre qui précède, considérant que cette lettre constitue une offense des plus graves, tant à l'égard de M. le docteur Tillaux, président du jury, qu'à l'égard de la Commission administrative des hospices.

» Décide :

» 1° Un blâme sévère est infligé à M. le docteur Sirot.

» 2° M. le docteur Sirot est mis en demeure d'adresser immédiatement des excuses à M. le doc-

teur Tillaux, ainsi qu'à la Commission administrative
des hospices.

» Dans le cas où satisfaction immédiate ne serait
pas donnée, la Commission se verrait obligée d'*étudier
les moyens propres à obtenir réparation.*

» Le registre est signé des membres présents.

» Pour extrait certifié conforme au registre.

> *Le vice-président,* >

» Arthur Montoy. »

Cette délibération prise en hâte et sous le man-
teau de la cheminée était irrégulière, attendu que
M. Montoy avait oublié de convoquer les trois *nouveaux* administrateurs : MM. Vincent, maire ; Jean et
Bruley, délégués du conseil municipal nouvellement
élu (1).

Aussi une nouvelle réunion fut-elle nécessaire ;
elle eut lieu le mercredi 25 mai, réunion dans
laquelle on persuada aux nouveaux venus de se soli-
dariser avec les anciens et de ratifier ce qui avait été
fait (2).

Curieuse, cette délibération ! Ces quatre messieurs
infligent d'abord un blâme sévère, puis *bis in idem,*
ils demandent non seulement des excuses pour un

(1) Sur les sept administrateurs dont se compose la Commission administrative des hospices de Beaune, quatre sont titulaires
nommés par le Préfet, trois sont temporaires et choisis parmi
les conseillers municipaux pour représenter le conseil municipal.
Le maire est de droit président.

(2) Le maire est beau-frère de M. Germain.

Autre qui n'ose en demander, car il a compris sa
faute, mais encore ils en demandent pour eux que
cela ne regarde pas, et ce, par violation du secret
d'une lettre et avec menace d'*étudier les moyens propres à obtenir réparation !*

Comment pouvez-vous, Monsieur le vice-président Arthur Montoy, fatiguer votre cerveau à étudier des moyens si faciles à trouver ?

Les moyens *propres* ne sont cependant pas nombreux pour un homme d'honneur.

Chercheriez-vous, vous aussi, un moyen de vous
dérober ? Le paravent de l'administration supérieure
offrirait-il à votre dignité un abri suffisant ?

VIII

Ma première intention fut de demander à ces
quatre messieurs un rendez-vous, afin de leur dire
toute ma façon de penser. Mais, à l'idée de paraître
comme un accusé devant ces gens-là, j'eus un sou-
lèvement de cœur, une nausée, et préférai répondre
par lettre à leur factum.

« Beaune, ce 24 mai 1904.

» *A Messieurs Forest, Germain, Huvelin, Montoy,
administrateurs des hospices de Beaune.*

» Messieurs,

» J'ai tout lieu d'être profondément étonné de

voir la Commission administrative de l'Hôtel-Dieu prendre parti dans une question personnelle et professionnelle, d'autant plus que cette Commission n'est pas en cause et que je n'ai jamais eu l'intention de l'y mettre.

» Veuillez, je vous prie, analyser la teneur de ma lettre adressée personnellement au docteur Tillaux.

» Cette lettre dit : « Je suis le doyen, du corps » médical de Beaune. » Or je suis le doyen d'âge et comme docteur, « et comme tel », ces trois mots précisent la question, c'est bien comme docteur et comme le plus âgé des médecins que j'ai écrit. Ce n'est pas comme médecin de l'Hôtel-Dieu, puisque à ce titre je suis le plus jeune.

» Si j'avais parlé comme titulaire de l'Hôtel-Dieu, ayant l'intention de mettre en jeu la Commission administrative, j'aurais écrit : « Je suis médecin » titulaire à l'Hôtel-Dieu de Beaune et comme tel... »

» Mes jeunes confrères avaient protesté contre ce fait inouï de voir un concours s'ouvrir sans un affichage suffisant pour donner aux candidats praticiens le temps matériel de relire au moins leurs traités didactiques. Ce fait est unique et je suis sûr en cela de l'approbation de tout le corps médical indépendant.

» M. Tillaux, en présidant un concours dans ces conditions qui ne dépendaient nullement de l'administration de l'Hôtel-Dieu, mais du jury lui-même, se faisait donc le complice conscient, et du jury, et du procédé du jury.

» Ce jury lui-même l'a tellement bien compris qu'il s'est senti directement touché, qu'il a jugé à propos d'intervenir et même de se dérober en essayant d'établir une autre responsabilité et d'y mêler l'administration de l'Hôtel-Dieu, ainsi qu'en fait foi votre délibération : « sur les instances du » jury ».

» Complice conscient s'adresse donc à M. Tillaux, complice des actes et des décisions du jury qu'il a choisi et qu'il préside, à l'exclusion de la Commission administrative de l'Hôtel-Dieu.

» Dans les conditions énoncées plus haut, n'était-ce pas une malhonnêteté professionnelle et une cuistrerie ? Pour être plus grammatical, j'aurais dû écrire : « d'une malhonnêteté et d'une cuistrerie » professionnelles ».

» Mais le début de ma lettre n'indiquait-il pas clairement que c'était une lettre personnelle ?

» D'ailleurs, le mot cuistrerie ne pouvait en rien atteindre la Commission administrative : il suffit pour cela de consulter le grand dictionnaire de Bescherelle et de lire attentivement tout ce qui a trait à ce mot.

» Enfin, pour terminer ma lettre, j'ai signé docteur Sirot tout court, sans faire aucune mention de mon titre de médecin de l'Hôtel-Dieu.

» Ces commentaires sont donc assez nets et précis pour ne pas permettre d'équivoque.

» En conséquence, comment puis-je faire des excuses à la Commission administrative des hospices, alors que je déclare n'avoir pas mis celle-ci en cause, n'en avoir pas eu l'intention et que dans ma lettre rien ne peut faire soupçonner cette intention? Sur quoi porteraient mes excuses ?

» Reste l'incident personnel Tillaux-Sirot.

» Vous me faites une mise en demeure d'adresser des excuses immédiates à M. le docteur Tillaux.

» Mais où sont vos droits en cette circonstance ?

» Depuis quand, et en vertu de quelle autorité sur ma liberté individuelle, vous permettez-vous de contrôler la teneur de ma correspondance privée ?

» S'il me plaît d'avoir une altercation avec mon voisin, qu'avez-vous à y voir ?

» Or, c'est le cas actuel.

» C'est une question nettement personnelle et professionnelle, puisque la Commission administrative de l'Hôtel-Dieu n'est pas en cause, et c'est entre le docteur Tillaux et le docteur Sirot que cette affaire doit se régler.

» Je me réserve donc de traiter cet incident directement avec M. le docteur Tillaux. »

Des hommes intelligents auraient compris et déclaré clos cet incident en renvoyant la lettre à son véritable destinataire.

Il n'en fut rien, et à cela rien d'étonnant, car s'il y a des hommes que l'éducation et l'ambiance forment, élargissent, grandissent même, il en est d'autres où les phénomènes inverses se produisent et, dans cette bonne petite ville de Beaune, *certaines* mentalités ont, depuis Piron, scrupuleusement conservé leur atavisme.

Le 27 mai 1904, je recevais donc la petite note suivante toujours signée par les quatre inséparables.

« *Monsieur le docteur Sirot,*
  médecin de l'Hôtel-Dieu de Beaune.

» Nous avons l'honneur de vous faire connaître que les explications fournies par votre lettre du 24 courant ne nous donnent aucune satisfaction.

» Nous maintenons les termes de notre délibération du 21 mai dernier.

» Veuillez, etc.

  » *Signé:* Pierre GERMAIN, Henri HUVELIN, Nicolas FOREST, Arthur MONTOY. »

En présence de ce papier qui me révélait la mentalité atavique des quatre signataires, je n'avais plus qu'à me taire. Ce que je fis.

Ce silence eut le talent d'irriter ces Messieurs ; ils comprirent ce qu'il avait de dédaigneux et, avec l'impatience d'un animal piqué par un taon, ils se ruèrent, le 7 juin suivant, dans leurs stalles de délibération d'où sortit un nouveau papier.

Extrait du registre des délibérations de la Commission administrative des hospices de Beaune.

Séance du 7 juin 1905.

Présidence de M. Vincent Jacques, maire.
Etaient présents : MM. Montoy, Germain, Huvelin, Forest, Jean et Bruley.

« Il est rappelé que, par délibération en date du 21 mai 1904, M. le docteur Sirot *a été mis en demeure*, pour les faits qui sont connus, d'adresser des excuses à M. le professeur Tillaux, président de l'Académie de médecine de Paris, ainsi qu'à la Commission administrative des hospices de Beaune, et que, dans le cas où il ne répondrait pas *à cette injonction*, la Commission aviserait aux moyens d'obtenir réparation.

» La Commission,

» Considérant qu'à la date de ce jour, M. le docteur Sirot n'a pas encore *fourni* les excuses qu'il lui a été *enjoint* de présenter immédiatement à la Commission ;

» Que, de plus, *ayant acquis la preuve* qu'elles n'ont pas été davantage adressées à M. le professeur Tillaux (1) ;

---

(1) Par qui cette preuve a-t-elle été donnée ? Le savoir serait intéressant.

3

» A l'unanimité,

» Prend les résolutions suivantes :

» 1º M. le docteur Sirot *est mis en demeure* de donner sa démission de médecin de l'Hôtel-Dieu de Beaune, le 14 juin prochain au plus tard ;

» 2º Dans le cas où *la démission exigée* ne parviendrait pas à la Commission avant la date sus-indiquée, la révocation de M. le docteur Sirot sera aussitôt demandée à l'administration supérieure.

» *Le vice-président*,

» Arthur Montoy. »

Fait étrange, sur ces sept signataires, trois sont des nouveaux venus de par le fait des élections municipales.

Ils n'ont rien connu de cette affaire dont toutes les délibérations antérieures ont été prises, alors que simples électeurs, ils ignoraient leur destinée administrative future (1).

Fait plus étrange, comment se fait-il qu'une Dame hospitalière connaissait toutes ces délibérations, avant même l'intéressé ?

Il me semble que, dans les temps actuels, les religieuses ont mieux à faire que de s'occuper à régenter les médecins.

_____

(1) Voir page 25.

IX

Le hasard m'ayant appris que M. Arthur Montoy était allé trouver le Préfet, qu'il l'avait mis en demeure de choisir entre ma révocation ou la démission collective des membres de la Commission, et surtout qu'il s'était présenté *comme mon ami*, agissant à regret parce que vice-président et délégué, de la Commission, je crus bon d'aller aussi à la Préfecture.

J'étais très désireux de savoir ce qu'avait bien pu raconter à l'autorité administrative cet onctueux et mellifluent personnage.

Au Préfet lui-même, je protestai vivement contre cette violation de ma correspondance et de l'usage qu'on en avait fait.

Je fus vite édifié.

Nous étions en juin 1904, à l'apogée du triomphe officiel de la délation et l'hypocrisie était vertu.

Le moment était bien choisi pour faire entendre semblable protestation ! Mais je savais ce que j'avais à cœur de savoir et sans plus insister, je me retirai.

. . . .

J'eus cependant la naïveté d'espérer en la justice et l'équité du Préfet ; cette illusion fut de courte durée.

Le 13 juillet 1904, je reçus le papier suivant :

Extrait du registre des délibérations de la Commission administrative des hospices de Beaune.

Séance du 7 juillet 1904.

Présidence de M. Vincent Jacques, maire.

Etaient présents : MM. Montoy, Forest, Germain, Huvelin, Jean, Bruley.

« La Commission prend connaissance de la dépêche communiquée adressée par M. le Ministre de l'intérieur à M. le Préfet de la Côte-d'Or, ainsi que la lettre en date du 3 juillet dernier adressée par M. le Préfet à M. le Sous-Préfet de Beaune, au sujet de la révocation de M. le docteur Sirot de ses fonctions de médecin de l'Hôtel-Dieu de Beaune.

» La Commission,

» Se reportant à ses délibérations des 7 et 15 juin dernier ;

» A l'unanimité,

» Prononce la révocation de M. le docteur Sirot de ses fonctions de médecin de l'Hôtel-Dieu de Beaune, et prie M. le Préfet de bien vouloir, aux termes de l'article 14 de la loi du 7 août 1851, donner son approbation à la présente décision.

> » *Le vice-président,*
> » Arthur MONTOY.

» VU ET APPROUVÉ.

» Dijon, le 9 juillet 1904.

> » *Le Préfet,*
> » MICHEL.

» Notification de la délibération ci-contre certifiée conforme est faite à M. le docteur Sirot.

» Beaune, le 13 juillet 1904.

> » *Le maire de Beaune, président de la Commission,*
> » Jacques VINCENT (1). »

A cette notification, je répondis par la lettre sui-vante :

> « 15 juillet 1904.

» *Aux Administrateurs de l'Hôtel-Dieu de Beaune,*

» Le plus dédaigneux mépris est le seul accueil

---

(1) M. le maire est très excusable. Il n'est pas, paraît-il, très futé ; ses amis l'appellent familièrement « Not' Jacques ». Il a signé sans se rendre compte qu'en s'associant et sanctionnant des décisions antérieures à sa nomination, il se mettait sous la tutelle du vice-président dont il consacrait l'omnipotence et que, par ce fait même, il annihilait volontairement son influence personnelle. Aussi, n'ai-je contre lui aucun ressentiment, ressentiment que je n'éprouve d'ailleurs pour aucun des person-nages de cette comédie.

qu'il me soit permis de faire à votre notification du 13 juillet 1904.

» Il y a longtemps que je connais et suis au-dessus de toutes ces hypocrites menées administratives et congréganistes.

» Dr SIROT. »

Pour donner l'explication de ce mot « congréganistes », je crois devoir transcrire la lettre que j'adressais, le 17 juillet suivant, à la Supérieure des Dames hospitalières de l'Hôtel-Dieu :

« MADAME LA SUPÉRIEURE,

» Puisque *certaines* de vos religieuses sont, depuis six mois, si intimement mêlées aux questions administratives et médico-chirurgicales de l'Hôtel-Dieu qu'elles avaient connaissance, bien avant moi, des délibérations administratives me concernant et que même, dès le lundi de la Pentecôte (1), elles escomptaient *publiquement* ma démission ou ma révocation, veuillez donc, je vous prie, leur faire part de la note ci-jointe (2) qui certainement ne leur sera pas communiquée et qui doit cependant profondément les intéresser.

» Veuillez, etc.

» Dr SIROT. »

_____

(1) 23 mai 1904. Cette date est à remarquer ; la fameuse séance de la Commission avait eu lieu le 21 mai. (Voir p. 23.)
(2) Copie de la lettre adressée aux administrateurs le 15 juillet 1904.

X

J'étais donc révoqué le 13 juillet 1904. *Or, fait singulier, ce même jour, 13 juillet, notification était faite au docteur Fromageot de sa nomination comme médecin titulaire en mes lieu et place.*

Pourquoi donc pas de concours ?

Pourquoi donc pas de délai intérimaire ?

On revenait donc aux anciennes traditions'(1) ! !

XI

Le docteur Fromageot qui avait été mêlé à toute cette affaire, ne voulant pas paraître le complice de ces agissements administratifs, vint immédiatement me trouver et me dire qu'il ne pouvait accepter d'être mon successeur.

J'insistai vivement et pus vaincre sa résistance.

Le vendiedi 15 juillet 1904, je recevais la lettre suivante :

« MON CHER CONFRÈRE,

» Mercredi soir, vous le savez, je recevais de l'administration de l'Hôtel-Dieu notification de ma

---

(1) On serait même, paraît-il, décidé à y revenir définitivement. On nommerait chirurgien suppléant un tout jeune docteur (on murmure son nom) qui passerait de droit titulaire sitôt le départ, par persuasion, du chirurgien en chef, élevé à la dignité de chirurgien honoraire. Ce bruit est-il vrai? L'avenir nous l'apprendra... Ce sera drôle !...

nomination au poste de médecin titulaire, en même temps que vous receviez notification de votre révocation.

» Vous savez ce que je pense de cet acte inqualifiable et injustifiable.

» Il m'eût été infiniment plus agréable de refuser ce poste, dans les tristes circonstances où il s'offre à moi. Vous avez pensé qu'en l'occupant, je pourrais peut-être continuer le bon combat pour affirmer l'indépendance et la dignité du corps médical et essayer de faire cesser l'état d'infériorité choquante dans lequel le service médical est laissé à l'Hôtel-Dieu. Je m'incline, mon cher Confrère, et je puis vous assurer que je ne manquerai pas à cette tâche.

» Je me permets de vous adresser ci-joint la lettre que j'ai remise *hier matin* entre les mains de M. Dard. Je ne dis rien que je ne pense absolument et je ne dis même pas tout ce que je pense. Mais j'ai voulu surtout affirmer notre union aux yeux des administrateurs et vous donner un bien faible gage de sympathie après l'acte de solidarité qui vous a coûté si cher et pour lequel je vous serai toujours infiniment reconnaissant.

» Bien sincèrement vôtre,

» Dr FROMAGEOT. »

La lettre dont parle le confrère parut, le 20 juillet 1904, dans le journal *Le Bien Public*, de Dijon.

« BEAUNE. — (Hôtel-Dieu). — M. le docteur
Fromageot est nommé médecin titulaire de l'Hôtel-
Dieu, en remplacement de M. le docteur Sirot, révo-
qué par arrêté préfectoral en date du 9 juillet 1904.

» Nous recevons à ce sujet la lettre d'acceptation
du docteur Fromageot, que nous nous faisons un
devoir d'insérer. Elle fait honneur aux deux médecins.

» Voici cette lettre :

« *Monsieur le président et Messieurs les membres*
» *de la Commission administrative des*
» *hospices civils de Beaune.*

» J'ai l'honneur de vous accuser réception de la
» copie de la délibération de la Commission adminis-
» trative, en date du 13 juillet 1904, ainsi que de la
» lettre de M. le maire de Beaune, agissant comme
» président de la Commission.

» Ces pièces m'annoncent ma nomination au titre
» de médecin titulaire de l'Hôtel-Dieu de Beaune,
» en remplacement de M. le docteur Sirot.

» Les pénibles événements qui se sont succédé
» depuis la disparition du docteur Affre, les condi-
» tions mêmes dans lesquelles le poste de titulaire
» est devenu vacant m'empêchent de me réjouir de
» ma nomination comme j'aurais dû le faire en toute
» autre circonstance.

» Seules les instances réitérées et pressantes de
» M. le docteur Sirot ont pu me faire un impérieux

» devoir d'accepter le poste d'honneur que vous
» m'offrez.

» Mon âge et mes débuts relativement récents dans
» la difficile carrière médicale, m'interdisent de pré-
» tendre égaler dès maintenant le grand sens clinique,
» la sûreté diagnostique et la science thérapeutique
» qui caractérisaient à un si haut degré le précieux
» collaborateur dont vous vous êtes privés pour des
» raisons qu'il m'appartient moins qu'à tout autre
» d'apprécier.

» Mais soyez assurés, Messieurs, que je tiendrai à
» honneur d'appliquer de suite les grands principes
» de loyauté, de probité et de dignité profession-
» nelles qui furent toujours les guides de M. le doc-
» teur Sirot dans sa carrière hospitalière comme ils
» le sont et le seront toujours dans sa pratique jour-
» nalière.

» Veuillez, etc.

» Dr FROMAGEOT. »

» Cette lettre nous laisse rêveur sur les motifs qui
ont pu décider M. le Préfet à signer la révocation du
docteur Sirot. »

A l'apparition de cette lettre, une tempête formi-
dable éclata dans les cervelles administratives d'où
sortit, comme l'éclair des nuages, une convocation
officielle au jeune confrère à comparaître devant les
sept augures susnommés.

Mais la colère est mauvaise conseillère ; elle fait souvent voir les âmes à nu et réapparaître l'atavisme que dissimulait mal un vernis factice.

Est-ce que l'un de ces sept sages beaunois n'eut pas le cynique toupet de proposer au docteur Fro- mageot *de renier sa lettre, afin qu'on pût la déclarer apocryphe et dénoncer le fait publiquement ?*

Est-ce que cette honteuse proposition ne fut pas renouvelée, *per insinuationem*, par le plus vernis de la dite assemblée ?

Le docteur Fromageot, écœuré, fut sur le point de quitter la salle, mais se rappelant mon désir de le voir titulaire, il se contenta de dire en souriant que le docteur Sirot ayant la copie en main, la chose était impossible.

Enfin, il fut décidé qu'une autre lettre serait écrite à l'effet de détruire l'impression produite par celle du *Bien Public...*

Quelque peu troublé de ce révoltant cynisme, de cette absence de tout sens moral et surtout de la honteuse proposition qui lui, avait été faite, le doc- teur Fromageot vint me demander la ligne de conduite qu'il devait tenir.

Cet accès de *delirium* administratif me causa quelque gaieté et, devinant le piège tendu à mon jeune con- frère, piège consistant à l'acculer à une non-accep- tation de la place de médecin titulaire, afin de pouvoir nommer immédiatement un candidat sélectionné, ma réponse fut pour l'acceptation, même de la fameuse lettre de rectification.

Cette lettre imposée ne pouvait en rien infirmer la première parue. Celle-ci avait été un document public dont l'effet était produit et avait porté.

, Le docteur Fromageot accepta donc en envoyant la lettre convenue et fut définitivement nommé, *sans concours*, médecin titulaire.

XII

Tous mes confrères sont maintenant fixés sur ce légendaire concours-examen et sur la mentalité de la susdite Commission administrative.

Restent quelques mots sur le pourquoi de l'acharnement mis à se débarrasser du docteur Sirot.

Sans entrer dans des détails personnels toujours ennuyeux pour le lecteur, je crois qu'il suffira de dire, entre autres choses, que le docteur Sirot luttait avec ténacité, depuis nombre d'années, contre toutes les routines et les négations scientifiques voulues ou inconscientes.

Il désirait un service de médecine utilisant toutes les découvertes modernes et en rapport avec l'importance d'un hôpital de 120 lits ; il combattait, *unguibus et rostro*, pour les obtenir, alors que toujours lui était systématiquement opposé le trop fameux et imbécile dada : « Je ne crois pas à la médecine, il n'y a que la chirurgie ! »

Il désirait que dans cet Hôtel-Dieu — renommé par

son architecture et classé parmi les monuments historiques et où s'élevait, *à grand frais*, un nouveau bâtiment, la clinique — les pauvres et les déshérités de la vie trouvassent dans les salles de médecine, non seulement des médecins *indépendants* et instruits mais encore, comme on le faisait pour la chirurgie, tous les moyens reconnus utiles à l'art de guérir et un personnel auxiliaire non pas de 1443, mais de 1900.

Il désirait surtout que les administrateurs s'occupassent autant des malades de médecine que de la vigne ou des vins de l'Hôtel-Dieu et que, dans l'argent dépensé si largement pour les bâtiments, la clinique et le coup d'œil, il y en eût un peu pour les améliorations urgentes du service médical.

Aussi, le rapport officiel suivant ne fut-il que la synthèse de toutes les demandes faites successivement et qui se heurtèrent constamment à une fin de non-recevoir que pouvait seule excuser l'ignorance chez de prétentieuses nullités.

Cette ignorance prétentieuse ne permit pas aux administrateurs de saisir la portée véritable et désintéressée de ce rapport.

Ils y virent seulement une démonstration de leur notoire incompétence scientifique, un reproche à leur incurie médicale, un blâme au peu d'intérêt qu'ils portaient aux malades de médecine, une critique de leur gestion financière et une obligation de reconnaître que la médecine existait réellement et à un haut degré, et comme science, et comme art.

Quant à certaines Dames hospitalières, elles n'y virent que des modifications apportées à leur routine séculaire et une diminution de leur autoritarisme en raison directe de l'importance qu'acquerrait le médecin dans les méthodes de traitement et leur application...

Ce rapport fut donc la goutte d'eau qui fit déborder le vase et prépara le débarquement de son auteur.

RAPPORT OFFICIEL, lu le 13 mai 1903, à l'assemblée générale de la Pentecôte, en présence de tout le personnel administratif et médico-chirurgical de l'Hôtel-Dieu de Beaune.

MESSIEURS LES ADMINISTRATEURS,

« Tous les ans, à la réunion de la Pentecôte, il est d'usage que chirurgiens et médecins de l'Hôtel-Dieu vous exposent leurs réflexions et leurs *desiderata* au sujet de leur service; c'est pourquoi nous avons l'honneur de vous adresser cet écrit afin d'appeler votre bienveillante attention sur l'état de la médecine à l'Hôtel-Dieu de Beaune, au 31 mai 1903.

» Si nous nous permettons d'exprimer librement nos idées, c'est que, loin d'exercer la médecine en sceptiques, nous sommes, au contraire, profondément convaincus de la haute valeur et de l'importance considérable de la profession que nous avons choisie et que nous pratiquons avec l'indépendance d'une conviction raisonnée.

» Contrairement à une opinion journellement émise qui veut que seule la chirurgie ait fait des progrès, la médecine, au cours de ces dernières années, a marché à pas de géant.

» Toutes les branches des sciences médicales, physiologie, biologie, bactériologie, pathologie, pharmacodynamie, thérapeutique, hygiène, ont été fouillées par une armée de travailleurs et c'est à ces découvertes, à ces progrès réalisés en médecine qu'est redevable le plein épanouissement de la chirurgie, en donnant à celle-ci les lois qui rendent presque oénignes les interventions si meurtrières autrefois.

» Or, si nous voyons à l'Hôtel-Dieu de Beaune, grâce à la libéralité de M. de Bahèzre et à des dépenses somptueuses un service chirurgical remarquablement installé, en est-il de même pour le service médical ?

» A notre grand regret, nous ne pouvons que constater l'absence complète de tous moyens permettant au corps médical de cet Hôtel-Dieu de profiter et d'utiliser ces merveilleuses conquêtes de la science qui sont venues nous doter de facteurs puissants tant pour l'exploration que pour la thérapeutique.

» Pour l'exploration d'abord, il est tout un ordre de recherches qui nous est interdit. Nous voulons parler de la bactériologie, cette science si importante depuis que Pasteur démontra la vérité des idées d'Hameau : « Partout la vie est dans la » vie, partout la vie dévore la vie. «

» Aussi est-ce un sujet d'étonnement profond pour les confrères qui viennent visiter cet hôpital de 120 lits et pour toute personne quelque peu au courant des progrès scientifiques modernes, de constater cette absence de microscope et du moindre local où les médecins puissent faire au moins les recherches élémentaires de la bactériologie clinique.

» Et cependant, Messieurs, la station œnologique, si instamment demandée à Beaune, ne démontre-t-elle pas avec la dernière évidence que, sans microscope, il n'y a pas de bactériologie possible et que, sans ce microscope, on ne saurait encore rien des évolutions du phylloxéra, du phylloxéra lui-même, des maladies cryptogamiques de la vigne et bactériennes du vin ? Les maladies de l'humanité seraient-elles donc moins dignes d'intérêt que celles du vin ou de la vigne ?

» Ce n'est pas seulement la bactériologie avec ses enseignements féconds qui nous est interdite, c'est encore toutes ces méthodes nouvelles auxquelles nous faisions allusion tout à l'heure : examen microscopique des urines, du sang, de la lymphe, du liquide céphalorachidien ; serodiagnostic, cytodiagnostic ; examen des liquides et des productions pathologiques ; autant de questions que nous ne pouvons connaître que de nom, autant de recherches que nous pourrions tenter pour le plus grand profit de nos malades et de notre instruction personnelle.

» Sur ce même terrain de l'exploration, nous sommes encore privés des armes puissantes que fournit l'électricité, soit pour le diagnostic des lésions du système nerveux, des réactions musculaires, soit pour les examens internes.

» Si nous envisageons maintenant la thérapeutique, nous constatons également notre pauvreté. A part les médicaments, de quels autres moyens disposons-nous ?

» Que pouvons-nous faire en électrothérapie, en balnéothérapie, en hydrothérapie ?

» En électrothérapie, nous n'avons aucun moyen sérieux nous permettant d'employer l'électricité statique ou faradique.

» En balnéothérapie, comme en hydrothérapie, où et comment pourrions-nous faire suivre un traitement sérieux à un malade ?

» Si, grâce à de *tenaces* demandes, nous pouvons, depuis quelques années seulement, baigner à peu près convenablement dans nos salles les typhiques et les varioleux, quel autre moyen possédons-nous ?

» Nous ne voulons pas ici nous appesantir sur cette question spéciale, mais il n'est pas exagéré de dire que l'installation actuelle de ce service est indigne de cette maison.

» Nous ne vous parlerons pas ni de la mécanothérapie, ni de la photothérapie, méthodes qui pour être plus nouvelles, d'une installation plus coûteuse et d'un usage moins fréquent, n'en sont pas moins des méthodes d'avenir ayant déjà donné des preuves manifestes de leur haute valeur.

» Nous ne voudrions pas terminer cet exposé

sans déplorer l'absence d'un service d'isolement vrai,
d'un service de désinfection sérieux et d'un service
de buanderie (1).

» Ces trois points intéressent au plus haut degré
non seulement le personnel médical mais encore le
personnel hospitalier et administratif.

» Ils mériteraient à eux seuls un développement
que ne comporte pas cet écrit. Toutefois, nous
croyons devoir signaler spécialement le peu de valeur
et même les dangers du service d'isolement fonc-
tionnant dans les conditions actuelles, conditions si
déplorables qu'un de nous s'est cru obligé récemment
de dégager, par une note officielle (2), sa responsabilité quant aux cas de contagion qui pourraient se
produire entre la salle d'accouchement et la salle des
diphtériques.

» N'est-ce pas là une question intéressant directement le personnel administratif ?

» En vous parlant tout à l'heure du personnel
hospitalier, nous avions surtout en vue le service de
buanderie et de lingerie qui éviterait ces lessives
particulières auxquelles sont employés même les
malades, qui éviterait ces accumulations de linge
dans les salles, soulagerait les sœurs d'une besogne
pénible qui, faite dans les salles, *même aux heures des*

---

(1) Les tuberculeux à tous degrés sont placés dans les salles
communes. Il n'a jamais été possible de faire ouvrir une salle
spéciale pour cette maladie contre laquelle tous les médecins
luttent avec tant d'énergie.

(2) Voir page 52, note de service.

visites médicales, gêne le médecin et absorbe une partie précieuse d'un temps que les sœurs pourraient si utilement employer auprès des malades.

» Enfin, pour terminer, qu'il nous soit permis quelques mots sur la salle Saint-Louis.

» Cette salle est d'une propreté relative, ses murs ont été jadis blancs, les malades sortent de leur lit sur un dallage aussi froid l'été que l'hiver, les cabinets parfument la salle d'une odeur pénible, ils sont insalubres et même dangereux (1) ; des réclamations nombreuses et justifiées furent cependant faites à ce sujet et cela depuis quelques dix années (2).

» Le médecin de cette salle n'a pas de cabinet pour écrire sa visite, ses ordonnances, faire ses recommandations particulières à la sœur de visite, prendre les observations intéressantes, déposer ses vêtements, avoir sous la main les instruments nécessaires et élémentaires et les archives médicales des feuilles de clinique qui constituent le dossier des hospitalisés. Quant à la chambre de consultation, c'est un pis-aller dont les inconvénients sont nombreux. En un mot, le service y est pénible pour le médecin qui tient à honneur de faire son devoir.

» En vous soumettant cet exposé, Messieurs les administrateurs, exposé un peu long mais fort incomplet, nous n'avons pas la prétention de vous demander la réalisation immédiate de toutes ces

---

(1) Je puis en fournir la preuve.
(2) Voir page 51, la note de service.

réformes. Mais ne vous semblent-elles pas s'imposer dans cet hôpital, afin de faire cesser le manque d'équilibre scientifique qui existe entre un service chirurgical doté de tous les derniers perfectionnements de la technique moderne et un service médical resté, à part quelques améliorations assez difficilement obtenues, presque en l'état où l'a laissé à sa mort (1) le fondateur de cet Hôtel-Dieu ?

» Toutefois ces réformes ne sont, il est vrai, ni de même importance, ni de même urgence.

» La salle Saint-Louis, les salles d'isolement, les services hydrothérapique et bactériologique appellent une plus immédiate attention de votre part, Messieurs les administrateurs, qui savez que cette note a été inspirée par un dévouement que jamais n'ont marchandé vos médecins dont le plus vif désir est de faire profiter les vaincus de la vie, les déshérités et les malheureux des progrès d'une science à qui tant de gens sont redevables de leur santé et même de la vie.

» Beaune, ce 31 mai 1903.

» Dr SIROT. »

_____

(1) 1461.

NOTES DE SERVICE

Salle Saint-Louis, 5 mars 1900.

MONSIEUR L'ORDONNATEUR (1),

« J'ai le regret, pour la vingtième fois, de protester très énergiquement contre l'état insalubre et dangereux des cabinets de la salle Saint-Louis.

» Il est scandaleux d'obliger les malades, par ces temps d'épidémie grippale et ce froid, à une telle nécessité.

» Il y a près de sept ans que la première réclamation a eu lieu.

» Si vous avez des chiens, Monsieur l'ordonnateur, je suis convaincu que vous ne toléreriez pas leur séjour dans un pareil local.

» Par ce froid, il n'y a même pas de vitrage convenable à la partie supérieure. Les vitres sont cassées et cela depuis un mois.

» *Le chef de service,*

» Dr SIROT. »

---

(1) M. Arthur Montoy, vice-président de la Commission administrative.

Hôtel-Dieu, ce 16 mars 1903.

« Le docteur Sirot a l'honneur d'informer officiellement M. l'administrateur de service que les malades atteints de diphtérie (un mort, trois en traitement) sont hospitalisés dans la salle voisine de la salle d'accouchements et qu'en conséquence par cette note, il dégage sa responsabilité en cas de contagion, d'accident et de responsabilité légale consécutive. »

———

Ces documents sont, je crois, suffisants, pour ne pas les multiplier et se passent de commentaires.

Dijon, Imp. Jobard

JOBARD · IMPRIMEUR · DIJON